Carnet d'interventions

N   Date :   Adresse :

Notes et détails :

Paiement / Avance / Frais

€
€
€

N   Date :   Adresse :

Notes et détails :

Paiement / Avance / Frais

€
€
€

N   Date :   Adresse :

Notes et détails :

Paiement / Avance / Frais

€
€
€

N   Date :   Adresse :

Notes et détails :

Paiement / Avance / Frais

€
€
€

N   Date :   Adresse :

Notes et détails :

Paiement / Avance / Frais

€
€
€

N   Date :   Adresse :

Notes et détails :

Paiement / Avance / Frais

€
€
€

N   Date :   Adresse :

Notes et détails :

Paiement / Avance / Frais

€
€
€

N   Date :   Adresse :

Notes et détails :

Paiement / Avance / Frais

€
€
€

N   Date :   Adresse :

Notes et détails :

Paiement / Avance / Frais

€
€
€

N   Date :   Adresse :

Notes et détails :

Paiement / Avance / Frais

€
€
€

N   Date :   Adresse :

Notes et détails :

Paiement / Avance / Frais

€
€
€

N   Date :   Adresse :

Notes et détails :

Paiement / Avance / Frais

€
€
€

N   Date :   Adresse :

Notes et détails :

Paiement / Avance / Frais

€
€
€

N   Date :   Adresse :

Notes et détails :

Paiement / Avance / Frais

€
€
€

N   Date :   Adresse :

Notes et détails :

Paiement / Avance / Frais

€

€

€

N   Date :   Adresse :

Notes et détails :

Paiement / Avance / Frais

€

€

€

N   Date :   Adresse :

Notes et détails :

Paiement / Avance / Frais

€
€
€

N   Date :   Adresse :

Notes et détails :

Paiement / Avance / Frais

€
€
€

N   Date :   Adresse :

Notes et détails :

Paiement / Avance / Frais

€

€

€

N   Date :   Adresse :

Notes et détails :

Paiement / Avance / Frais

€

€

€

N   Date :   Adresse :

Notes et détails :

Paiement / Avance / Frais

€
€
€

N   Date :   Adresse :

Notes et détails :

Paiement / Avance / Frais

€
€
€

N   Date :   Adresse :

Notes et détails :

Paiement / Avance / Frais

€
€
€

N   Date :   Adresse :

Notes et détails :

Paiement / Avance / Frais

€
€
€

N   Date :   Adresse :

Notes et détails :

Paiement / Avance / Frais

€
€
€

N   Date :   Adresse :

Notes et détails :

Paiement / Avance / Frais

€
€
€

N   Date :   Adresse :

Notes et détails :

Paiement / Avance / Frais

€
€
€

N   Date :   Adresse :

Notes et détails :

Paiement / Avance / Frais

€
€
€

N   Date :   Adresse :

Notes et détails :

Paiement / Avance / Frais

€

€

€

N   Date :   Adresse :

Notes et détails :

Paiement / Avance / Frais

€

€

€

N   Date :   Adresse :

Notes et détails :

Paiement / Avance / Frais

€
€
€

N   Date :   Adresse :

Notes et détails :

Paiement / Avance / Frais

€
€
€

N   Date :   Adresse :

Notes et détails :

Paiement / Avance / Frais

€
€
€

N   Date :   Adresse :

Notes et détails :

Paiement / Avance / Frais

€
€
€

N   Date :   Adresse :

Notes et détails :

Paiement / Avance / Frais

€
€
€

N   Date :   Adresse :

Notes et détails :

Paiement / Avance / Frais

€
€
€

N   Date :   Adresse :

Notes et détails :

Paiement / Avance / Frais

€
€
€

N   Date :   Adresse :

Notes et détails :

Paiement / Avance / Frais

€
€
€

N   Date :   Adresse :

Notes et détails :

Paiement / Avance / Frais

€

€

€

N   Date :   Adresse :

Notes et détails :

Paiement / Avance / Frais

€

€

€

N   Date :   Adresse :

Notes et détails :

Paiement / Avance / Frais

€
€
€

N   Date :   Adresse :

Notes et détails :

Paiement / Avance / Frais

€
€
€

N   Date :   Adresse :

Notes et détails :

Paiement / Avance / Frais

€
€
€

N   Date :   Adresse :

Notes et détails :

Paiement / Avance / Frais

€
€
€

N   Date :   Adresse :

Notes et détails :

Paiement / Avance / Frais

€
€
€

N   Date :   Adresse :

Notes et détails :

Paiement / Avance / Frais

€
€
€

N   Date :   Adresse :

Notes et détails :

Paiement / Avance / Frais

€
€
€

N   Date :   Adresse :

Notes et détails :

Paiement / Avance / Frais

€
€
€

N   Date :   Adresse :

Notes et détails :

Paiement / Avance / Frais

€
€
€

N   Date :   Adresse :

Notes et détails :

Paiement / Avance / Frais

€
€
€

N   Date :   Adresse :

Notes et détails :

Paiement / Avance / Frais

€

€

€

N   Date :   Adresse :

Notes et détails :

Paiement / Avance / Frais

€

€

€

N   Date :   Adresse :

Notes et détails :

Paiement / Avance / Frais

€
€
€

N   Date :   Adresse :

Notes et détails :

Paiement / Avance / Frais

€
€
€

N   Date :   Adresse :

Notes et détails :

Paiement / Avance / Frais

€
€
€

N   Date :   Adresse :

Notes et détails :

Paiement / Avance / Frais

€
€
€

N   Date :   Adresse :

Notes et détails :

Paiement / Avance / Frais

€
€
€

N   Date :   Adresse :

Notes et détails :

Paiement / Avance / Frais

€
€
€

N   Date :   Adresse :

Notes et détails :

Paiement / Avance / Frais

€
€
€

N   Date :   Adresse :

Notes et détails :

Paiement / Avance / Frais

€
€
€

N   Date :   Adresse :

Notes et détails :

Paiement / Avance / Frais

€
€
€

N   Date :   Adresse :

Notes et détails :

Paiement / Avance / Frais

€
€
€

N   Date :   Adresse :

Notes et détails :

Paiement / Avance / Frais

€
€
€

N   Date :   Adresse :

Notes et détails :

Paiement / Avance / Frais

€
€
€

N   Date :   Adresse :

Notes et détails :

Paiement / Avance / Frais

€
€
€

N   Date :   Adresse :

Notes et détails :

Paiement / Avance / Frais

€
€
€

N   Date :   Adresse :

Notes et détails :

Paiement / Avance / Frais

€
€
€

N   Date :   Adresse :

Notes et détails :

Paiement / Avance / Frais

€
€
€

N   Date :   Adresse :

Notes et détails :

Paiement / Avance / Frais

€

€

€

N   Date :   Adresse :

Notes et détails :

Paiement / Avance / Frais

€

€

€

N   Date :   Adresse :

Notes et détails :

Paiement / Avance / Frais

€
€
€

N   Date :   Adresse :

Notes et détails :

Paiement / Avance / Frais

€
€
€

N   Date :   Adresse :

Notes et détails :

Paiement / Avance / Frais

€
€
€

N   Date :   Adresse :

Notes et détails :

Paiement / Avance / Frais

€
€
€

N   Date :   Adresse :

Notes et détails :

Paiement / Avance / Frais

€

€

€

N   Date :   Adresse :

Notes et détails :

Paiement / Avance / Frais

€

€

€

N   Date :   Adresse :

____

____

____

Notes et détails :

____

____

____

____

____

____

____

Paiement / Avance / Frais

____ €

____ €

____ €

N   Date :   Adresse :

____

____

____

Notes et détails :

____

____

____

____

____

____

____

Paiement / Avance / Frais

____ €

____ €

____ €

N   Date :   Adresse :

Notes et détails :

Paiement / Avance / Frais

€
€
€

N   Date :   Adresse :

Notes et détails :

Paiement / Avance / Frais

€
€
€

N   Date :   Adresse :

Notes et détails :

Paiement / Avance / Frais

€
€
€

N   Date :   Adresse :

Notes et détails :

Paiement / Avance / Frais

€
€
€

N   Date :   Adresse :

Notes et détails :

Paiement / Avance / Frais

€
€
€

N   Date :   Adresse :

Notes et détails :

Paiement / Avance / Frais

€
€
€

N   Date :   Adresse :

Notes et détails :

Paiement / Avance / Frais

€
€
€

N   Date :   Adresse :

Notes et détails :

Paiement / Avance / Frais

€
€
€

N   Date :   Adresse :

Notes et détails :

Paiement / Avance / Frais

€
€
€

N   Date :   Adresse :

Notes et détails :

Paiement / Avance / Frais

€
€
€

N   Date :   Adresse :

Notes et détails :

Paiement / Avance / Frais

€
€
€

N   Date :   Adresse :

Notes et détails :

Paiement / Avance / Frais

€
€
€

N   Date :   Adresse :

Notes et détails :

Paiement / Avance / Frais

€
€
€

N   Date :   Adresse :

Notes et détails :

Paiement / Avance / Frais

€
€
€

N   Date :   Adresse :

Notes et détails :

Paiement / Avance / Frais

€
€
€

N   Date :   Adresse :

Notes et détails :

Paiement / Avance / Frais

€
€
€

N   Date :   Adresse :

Notes et détails :

Paiement / Avance / Frais

€
€
€

N   Date :   Adresse :

Notes et détails :

Paiement / Avance / Frais

€
€
€

N   Date :   Adresse :

Notes et détails :

Paiement / Avance / Frais

€

€

€

N   Date :   Adresse :

Notes et détails :

Paiement / Avance / Frais

€

€

€

N   Date :   Adresse :

Notes et détails :

Paiement / Avance / Frais

€
€
€

N   Date :   Adresse :

Notes et détails :

Paiement / Avance / Frais

€
€
€